LES ÉCORCHEURS

scénario : JACQUES MARTIN
dessins : JEAN PLEYERS

casterman

ISBN 2-203-32201-2

AU SORTIR DE LA LONGUE FROIDURE D'UN HIVER QUI PARAISSAIT NE PLUS FINIR, QUATRE CAVALIERS CHEMINENT PRUDEMMENT DANS LA GRANDE FORÊT DE SAINT-ROYE. TOUT SEMBLE ENCORE FIGÉ PAR LA TORPEUR DE LA TRISTE SAISON. POURTANT D'INFIMES FRÉMISSEMENTS SIGNALENT QU'UN IMPORTANT CHANGEMENT SE PRÉPARE : LE PRINTEMPS.

HALTE !...

VOYEZ, MESSIRES, CE BÂTIMENT SACCAGÉ, LÀ, DERRIÈRE CET ÉTANG.

C'EST SÛREMENT UN ERMITAGE MALMENÉ PAR UN INCENDIE.

OUI. QUI A OSÉ BOUTER LE FEU À BÂTISSE RELIGIEUSE !?...

HÉ, LÀ, À GAUCHE, UN 'ÂNE QUI BROUTE MAIGRE HERBAGE.

DES BRIGANDS AURAIENT SÛREMENT PRIS CET ANIMAL OU, AU PLUS MAL, L'AURAIENT DÉVORÉ ! ALORS !?

BAOUM

PAR LA VIERGE SAINTE, ON NOUS ASSASSINE.

VITE, SOUS LE COUVERT.

ARRÊTEZ... OU J'ABATS L'UN DE VOUS !... CETTE ARME EST BONNEMENT CHARGÉE ET CETTE FOIS LE COUP PORTERA... METTEZ PIED À TERRE.

SOIT ! MAIS SI TU ES HOMME DE DIEU, TU FAIS ERREUR : BANDITS NE SOMMES POINT.

HÉ ! TOUT LE MONDE DIT CELA ET UNE FOIS DANS LA PLACE C'EST VILENIE ET PILLAGE.

NOUS SOMMES VOYAGEURS QUI RENTRONS AU PAYS. IL Y A EUSTACHE DE GORE, SEIGNEUR DU MÊME LIEU ; XANTIS DE LA HEURTE, SÉNÉCHAL DU BOURG ; MAILLARD GRIMAUD, MAÎTRE CHARPENTIER ET LUI C'EST JEHEN ROQUE, SCULPTEUR, ARCHITECTE ET STRATÈGE DE HAUTE RÉPUTATION.

NOUS POUVONS OFFRIR DU PAIN, DU VIN, LE SEL ET QUELQUES VIANDES SÉCHÉES, POUR PREUVE DE NOTRE BONNE FOI, PAR LE SEIGNEUR CHRIST.

HUM ! FORCE M'EST DE VOUS FAIRE CONFIANCE ! APRÈS TOUT, HORS LA VIE ET MON ÂME, JE N'AI PLUS AUCUN BIEN SOUS LE CIEL ! IL EST VRAI QUE JE N'AI JAMAIS POSSÉDÉ QUELQUES LIARDS PUISQUE MES FRÈRES ET MOI AVONS TOUJOURS TRAVAILLÉ POUR L'ABBAYE DE SAINT-ROYE DE SAULX.. LE PÈRE ABBÉ NOUS LAISSAIT JUSTE DE QUOI VIVRE ET APRÈS TOUT NOUS N'EN DEMANDONS GUÈRE PLUS.

MAIS OÙ SONT TES COMPAGNONS ?

PAR LÀ ! J'ACHEVAIS DE LES ENTERRER LORSQUE VOUS ÊTES ARRIVÉS. ILS REPOSENT SOUS CES CROIX : TUÉS PAR INFÂMES CANAILLES DE GRANDS CHEMINS. ILS ONT DÛ DÉFENDRE CHÈREMENT CETTE DEMEURE QUE NOUS AVIONS CONSTRUITE DE NOS MAINS.

LA CHEMINÉE EST INTACTE. NOUS ALLONS ALLUMER FEU ET FAIRE MANGEAILLE.

BON ! MOI JE VAIS ATTACHER LES CHEVAUX.

ET PEU APRÈS.

VOILÀ BONNE FLAMBÉE... J'AI PU TROUVER ENCORE POT CONVENABLE POUR CHAUFFER UNE SOUPE.

AVEC CES LÉGUMES, NOUS AURONS EXCELLENT BROUET.

LAISSEZ-MOI FAIRE, LA CUISINE C'EST MA PARTIE.

EH BIEN VOILÀ, FRÈRE... EUH ! FRÈRE COMMENT ?

PARFAIT !... FRÈRE PARFAIT !

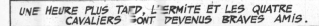

UNE HEURE PLUS TARD, L'ERMITE ET LES QUATRE CAVALIERS SONT DEVENUS BRAVES AMIS.

...D'ACCORD, J'ACCEPTE VOTRE OFFRE, MES COMPÈRES. JE VAIS DONC PARTIR AVEC VOUS. SEUL, JE N'AI PLUS RIEN À FAIRE ICI ET J'ESPÈRE BIEN QUE VOTRE CITÉ N'AURA POINT BESOIN DU DÉFENSEUR QUE JE PENSE DEVENIR... ET PUIS, UN HOMME HABILLÉ DE FROC N'EST JAMAIS TOUT À FAIT INUTILE. UNE PRIÈRE SUR LES TOMBES DE MES COMPAGNONS ET NOUS POURRONS ALLER.

GENTILS FRÈRES, QUE LE SEIGNEUR DIEU AIT VOS BONNES ÂMES EN SON PARADIS ET SI, PAR MALCHANCE, L'UN DE VOUS ÉTAIT QUELQUE PART ENTRE CIEL ET ENFER, QUE NOS HUMBLES PRIÈRES L'EN SORTENT AU MIEUX, PUIS QUE TOUS LES SAINTS AIDENT DE MISÉRABLES HUMAINS QUI ONT VÉCU LE MOINS MALEMENT QU'ILS ONT PU. AMEN !

BIEN DIT L'ERMITE. ALLONS, MAINTENANT IL EST TEMPS.

J'AI PRÉPARÉ TON ÂNE, FRÈRE PARFAIT.

MERCI. VOUS ÊTES TOUS TRÈS BONS.

ALORS LES CINQ VOYAGEURS REPRENNENT LE CHEMIN.

ET EN FIN D'APRÈS-MIDI.

L'ABBAYE DE SAINT-ROYE DE SAULX, LÀ-BAS. JE GAGE QUE JE N'Y RETOURNERAI PAS DE SITÔT.

POUR L'HEURE TU SERAS PLUS UTILE CHEZ NOUS, FOI DE SÉNÉCHAL.

ET APRÈS QUELQUES LIEUES.

LA GORE ! HÉ, JHEN, NOTRE PETITE CITÉ N'A-T-ELLE PAS FIÈRE ALLURE ?

SI FAIT, EUSTACHE. FACILEMENT DÉFENDABLE, SAUF PAR LE NORD, MALGRÉ CE PONT-LEVIS HAUT PLACÉ. MAIS NOUS VENONS TOUT PRÈS.

3

NOUS AVONS MOULT RÉSERVES ET PROVISIONS ET TOUS NOS GENS SONT DANS LA PLACE, EN DEHORS DE QUELQUES MAUVAISES NATURES.

COMME LES FEMMES QUI VIVENT EN CETTE MASURE, AU BAS DE LA PENTE ; ELLES ONT RÉPUTATION DE SORCELLERIE ET NUL NE VEUT LES VOIR EN NOS MURS.

FRÈRE PARFAIT, DE PAR BON CŒUR, VIENS AVEC MOI RENDRE VISITE COURTOISE À CES MALHEUREUSES.

MAUVAISE DÉMARCHE, JHEN. REVIENS, VOYONS!

PAS QUESTION. ALORS, PARFAIT, J'ATTENDS.

QUE VIENS-TU FAIRE CÉANS, CAVALIER? SI C'EST LA CURIOSITÉ QUI TE PIQUE, ALORS VA-T'EN.

POINT DU TOUT, FEMME. J'AI ACCEPTÉ DE VENIR DÉFENDRE CE BOURG LÀ-HAUT, ET J'ENTENDS NE LAISSER PERSONNE HORS DES COURTINES (1). IL FAUDRA VOUS PRÉPARER À Y MONTER.

DAMOISEAU, NE SAIS-TU PAS QUE CETTE FILLE A ÉTÉ DÉCLARÉE SORCIÈRE PAR LES MATRONES DU VILLAGE, CELA PARCE QUE LEURS ÉPOUX S'INTÉRESSAIENT TROP À CETTE JEUNE ORPHELINE QUE J'AI SAUVÉE ALORS QU'ELLE ÉTAIT UN PITOYABLE BÉBÉ ABANDONNÉ AUX LOUPS?...

COMMENT SE NOMME-T-ELLE?

ARIANA.

SI LES FEMMES DU BOURG TROUVENT TA SAUVAGE JOLIESSE CAPABLE DE TROUBLER LEURS ÉPOUX, ELLES NE TE LE PARDONNERONT JAMAIS ET ELLES TE VOUERONT À TOUS LES DIABLES. POURTANT TU NE POURRAS RESTER ICI, ALORS FRÈRE PARFAIT ET MOI NOUS T'AIDERONS DE NOTRE MIEUX.

J'ÉTAIS UN PAUVRE ERMITE DE LA FORÊT DE SAINT-ROYE ET LA MISÈRE M'A APPRIS À TOUT PARTAGER, MÊME L'INJUSTICE. ARIANA, JE VIENDRAI TE CHERCHER DÈS QUE POSSIBLE.

JE N'AI BESOIN DE QUICONQUE ET NE CRAINS PERSONNE.

ALLONS, POINT DE MÉCHANTES PAROLES ET AIGRES HUMEURS. PRÉPAREZ PLUTÔT VOS AFFAIRES CAR NOUS VIENDRONS BIENTÔT. À PLUS TARD.

MAINTENANT, IL EST TEMPS DE PÉNÉTRER DANS CETTE FORTERESSE.

VOILÀ UN BIEN GRAND MOT POUR NOS MURAILLES. L'ENTRÉE EST PAR LÀ, AU NORD.

DE FAIT, LEUR ÉTAT N'EST PAS FAMEUX!... IL FAUDRA BEAUCOUP RÉPARER MAIS SURTOUT EMPÊCHER TOUT ASSAILLANT DE S'EN APPROCHER. POUR CELA NOUS DEVRONS TRAVAILLER COMME DES FORCENÉS... SI L'ENNEMI LE PERMET!

(1) MURS D'ENCEINTE.

AU FAIT, QUELLE MENACE AVEZ-VOUS REÇUE DE CES BANDITS? POURQUOI TANT CRAINDRE?

AUCUNE POUR L'HEURE. MAIS ILS ONT RAVAGÉ LA CONTRÉE AVOISINANTE. DES PAYSANS EN FUITE NOUS ONT MIS EN GARDE.

BELLE DÉFENSE DE CE CÔTÉ! QU'EN PENSES-TU, JHEN?

CERTES, MAIS VULNÉRABLE MALGRÉ LES APPARENCES.

TU JUGES DONC NOTRE CAUSE PERDUE?...

NON POINT! CEPENDANT CES MURAILLES NE RÉSISTERAIENT PAS À UN LONG ASSAUT, C'EST SÛR.

...VOICI NOTRE CASTEL QUI EST BIEN MODESTE! TU Y SERAS NOTRE HÔTE, JHEN, ET JE SOUHAITE QUE CE SÉJOUR SOIT FORT QUIET ET AGRÉABLE.

PUISSE LE CIEL T'ENTENDRE CAR IL Y A MOULT LABEUR ... ET QUELQUES CRAINTES À VENIR.

VIENS, PARFAIT, VIENS. TU PARTAGERAS MON LOGIS, S'IL T'EN PLAÎT!

POUR SÛR, UN BON COMPAGNON EST TOUJOURS AGRÉMENT.

ET PEU APRÈS ...

VOICI GENTE PIÈCE. INSTALLE-TOI, L'AMI ... VOIS QUELLE ÉCLATANTE LUMIÈRE DONNE CETTE FENÊTRE, ET QUELLE VUE SPLENDIDE.

BIGRE! IL Y A UN À-PIC IMPRESSIONNANT ... ET..! MAIS! QU'EST-CE DONC ?... VIENS VOIR. VITE ?...

5

QU'Y A-T-IL ?

LÀ-BAS, À L'ORÉE DE CETTE FORÊT, UN CAVALIER !

EN EFFET ! JE LE DEVINE MAINTENANT... QUELLE AUDACE, TOUT SEUL ! MAIS' IL VIENT PAR ICI !?...

ET UN QUART D'HEURE PLUS TARD, L'ÉTRANGE PERSONNAGE PASSE LES PONTS-LEVIS, FAISANT MINE D'IGNORER LES GARDES QUI LE CONTEMPLENT, MÉDUSÉS, COMME S'ILS VOYAIENT APPARAÎTRE SOUDAIN L'ANGE DE LA MORT.

UN PUITS !... NON ! NE BOUGE PAS DE LÀ, GARNEMENT !... SURTOUT PAS !

ALORS !?... ON T'A ENVOYÉ QUÉRIR BONNE EAU ... HÉ ! MAIS IL Y A LÀ DE QUOI TENIR LONG SIÈGE . DIANTRE !

HÉ ! HÉ ! JE VAIS T'AIDER, TIENS !... TU VAS Y ALLER CÉANS ÉCOPER DE TOUT PRÈS. SI, SI.

WARAM !...

ASSEZ RI COMME CELA, ÉTRANGER ... NE FAIS AUCUN MAL À CET ENFANT ! SINON ...

6

ET HOP!...

MAIS JE LE TIENS, CET ENFANT! SIMPLE PLAISANTERIE!

ELLE A FAILLI TE COÛTER CHER!... COMME TU AS AMUSEMENT PLEIN DE DÉRAISON, IL EST PRUDENT DE T'ÔTER CES FERRAILLES DANGEREUSES.

HAWHH! ICHAK

CECI N'EST POINT FERRAILLE MAIS TE PUNIRA COMME IL...

TIENS!...

TRAÎTRE!...

ALORS, TU AS PITRE MINE MAINTENANT!... VOICI NOS GENS D'ARMES QUI ARRIVENT: ILS VONT TE CONDUIRE AUPRÈS DU SIRE DE LA GORE. LÀ TON SORT SERA DÉCIDÉ.

ET QUELQUES INSTANTS PLUS TARD...

ENTRE ET NE FAIS PAS MAUVAISE MANIÈRE: IL T'EN CUIRAIT.

AVEC QUOI LE FERAIS-JE? TU M'AS DÉPOUILLÉ DE MES ARMES.

EUSTACHE, VOICI UN CAVALIER QUI A MALEMENT FAIT IRRUPTION DANS NOS RUES ET A SUSPENDU UN ENFANÇON AU-DESSUS D'UN PUITS.

QUEL EST TON NOM? ET QU'ES-TU VENU FOUINER ICI?...

JE ME NOMME CONRAD TIERSTEIN, BEAU SEIGNEUR, ET JE SUIS VENU PORTER RAISONNABLE CONSEIL DE MES COMPAGNONS, LES ÉCORCHEURS.

9

QUEL EST DONC CE CONSEIL ?...

NOUS SOMMES FORT NOMBREUX, COMME TU SAIS SÛREMENT, ET DÉSIRONS FAIRE ROUTE PAR ICI AFIN D'ALLER EN TERRE DE LOIRE.

MÉFIANCE! LES ARMÉES DU ROY Y CAMPENT.

L'OST! HA HA! PERSONNE NE VIT ONQUES (1) LES TROUPES DU ROY CHARLES BOUTER DES ÉCORCHEURS. CE N'EST PAS SÉRIEUX! ALLONS!... JE SUIS DONC VENU PROPOSER UN MARCHÉ : DIX BESACES D'OR ET D'ARGENT, ET NOUS PASSERONS OUTRE.

SANS QUOI

NOUS AURONS LE DÉPLAISIR D'ASSAILLIR, PAR FORCE, CETTE BELLE PLACE ET CELA COÛTERA ENCORE PLUS CHER EN BONNES GENS ET MÉTAL.

LAISSE CE PLAT TRANQUILLE ET FILE... JE VAIS TE FAIRE RECONDUIRE HORS LES MURS ET TU POURRAS DIRE À TES VILAINS AMIS QUE C'EST **NON.**

C'EST PAR ICI.

J'AVAIS VU À L'ENTRÉE... SOIT! VOUS REGRETTEREZ TOUT CELA, CROYEZ-MOI.

QUANT À TOI, TU ME PAYERAS CHER D'AVOIR OSÉ DÉSARMER CONRAD TIERSTEIN. AU FAIT, COMMENT TE NOMMES-TU ?...

JHEN ROQUE, POUR TE SERVIR.

ET VOICI AFFAIRE BONNEMENT RÉGLÉE. MAINTENANT NOUS SAVONS QUE L'ATTAQUE AURA BIEN LIEU.

DIX SACS D'OR! OÙ AURIONS-NOUS JAMAIS PU TROUVER PAREILLE FORTUNE ?...QUE FAIRE? NOUS SOMMES PERDUS!

NENNI, MAIS IL NE FAUT POINT PERDRE UN INSTANT.

IMPOSSIBLE DE RÉPARER TOUS LES MURS, NOUS N'EN AVONS PLUS LE TEMPS ; CEPENDANT, EN RASANT LA CAMPAGNE ALENTOUR, UN SIÈGE DEVIENDRAIT TROP PÉNIBLE POUR L'ASSAILLANT.

OUI. IL FAUT COMMENCER PAR ABATTRE LA FORÊT DEVANT LES PONTS-LEVIS.

QUOI!?

(1) JAMAIS.

LAISSER DES ARBRES À PROXIMITÉ C'EST DONNER À L'ASSAILLANT TOUT LE MATÉRIEL POUR DRESSER MOULT MACHINES DE GUERRE... IL NE PEUT EN ÊTRE QUESTION ! IL FAUT RASER LES ALENTOURS SUR GRANDE DISTANCE... SI CES MAUDITS ÉCORCHEURS EN LAISSENT LE TEMPS !

NOTRE BONNE FORÊT !... SOIT ! QUEL MAUVAIS TEMPS QUE LA GUERRE !...

LE LENDEMAIN, DÈS LE LEVER DU JOUR, UNE GRANDE PARTIE DES CITADINS EST DÉJÀ AU TRAVAIL, COUPANT HARDIMENT LES BOIS VÉNÉRABLES.

LAISSEZ BONNES SOUCHES, CELA GÊNERA FORT L'ASSAILLANT.

ET, DÈS LORS, C'EST UN VA-ET-VIENT CONSTANT ENTRE LA FORÊT QUI SE DÉPOUILLE ET LA PETITE CITÉ OÙ L'ON VA DÉBITER LES TRONCS... ET CELA JUSQU'À LA FIN DU JOUR.

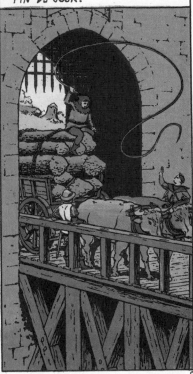

9

NOUS N'ARRIVERONS PAS À RENTRER, MORCEAU PAR MORCEAU, TOUTE CETTE FORÊT DANS NOTRE BRAVE CITÉ.

ON VERRA BIEN : LE PLUS SERA LE MIEUX !... MAIS, LÀ-BAS, OÙ VA DONC L'ERMITE ? MA PAROLE, CELUI-LÀ NE SE SOUCIE PLUS GUÈRE DE NOS AFFAIRES !

IL A L'AIR DE POURSUIVRE UN RÊVE !

OUI, DA !... UN RÊVE AUX YEUX NOIRS !...

QUE VIENS-TU FAIRE CÉANS, L'ERMITE? TU AS PERDU TON BEL COMPAGNON, CELUI QUI VEUT NOUS VOIR DANS CES MURS, LÀ-HAUT...

... PARMI TOUS CES GENS QUI NE PENSENT QU'À DRESSER UN BÛCHER POUR ARIANA ET MOI.

LE FEU! JAMAIS, JE LE BOUTERAI PLUTÔT À TOUTE LA CITÉ. MAIS LAISSE-MOI ENTRER.

AH! TE VOICI, GENTE DAMOISELLE. JE SUIS FORT AISE DE TE REVOIR... EUH! J'AVAIS HÂTE DE... DE VOUS CHERCHER POUR...

MERCI. PRENDS DONC SIÈGE, PARFAIT.

ARIANA...JE SUIS... JE SUIS VENU VOUS QUÉRIR TA MARÂTRE ET TOI... IL FAUT MONTER AU BOURG.

TU AS L'AIR BIEN TROUBLÉ POUR UN HOMME D'ÉGLISE, L'AMI?

MAIS JE NE SUIS POINT TONSURÉ ET N'AI FORMULÉ AUCUN VOEU. JE SUIS SEULEMENT UN PAUVRE ERMITE.

ALLONS, VIENS T'ASSEOIR PRÈS DU FEU, PARFAIT, ET CONTE-NOUS COMMENT TU NOUS PROTÉGERAS, LÀ-HAUT.

ET AU MÊME INSTANT...

C'EST VOTRE MAÎTRE, EUSTACHE, QUI NOUS A MANDÉ DE VENIR BASSINER VOTRE LIT, MESSIRE JHEN; LA FROIDURE EST ENCORE VIVE.

BON! FAITES.

DIANTRE! DES LUEURS AU LOIN !?... VENEZ DONC VOIR, COMMÈRES. EST-CE UN VILLAGE QUI BRÛLE ?...

PAR LA VIERGE SAINTE! C'EST MA FOI VRAI! SÛREMENT FOUGERON-LE-COMTE!

LES ÉCORCHEURS, POUR SÛR! IL NOUS RESTE DONC BIEN PEU DE TEMPS!

PAUVRES GENS! QUE LE SEIGNEUR DIEU LES PRENNE EN PITIÉ !...

C'EST PEUT-ÊTRE UN INCENDIE DE FORÊT ?...

NON POINT. IL SE DÉPLACERAIT, OR CELUI-LÀ RESTE BIEN FIXÉ. ALLONS, LES FEMMES, IL EST TEMPS DE CLORE LA FENÊTRE LA FRAÎCHEUR VA PÉNÉTRER.

HÉ ! NE BASSINEZ QU'UNE SEULE COUCHE... MON AMI, L'ERMITE, NE VIENDRA SÛREMENT POINT LOGER CÉANS, CE SOIR.

EN EFFET, AUX PIEDS DE LA SOMBRE MASSE DES REMPARTS, UNE PETITE LUEUR BRILLE AVEC INSOLENCE.

TU N'ES POINT TROP MAL INSTALLÉ COMME CELA, PARFAIT ?...

JE N'AI JAMAIS ÉTÉ AUSSI BIEN, OUI DA ! JAMAIS !

FAITES SILENCE VOUS DEUX ET PRENEZ BON REPOS AU LIEU DE BABILLER FOLEMENT ... BONSOIR, L'ERMITE.

MERCI. DORMEZ BIEN.

MAIS À DES LIEUES DE LÀ, EN PLEINE NUIT, DES ESCARBILLES S'ENVOLENT D'UNE HAUTE CHEMINÉE, ÉCLAIRANT DE FAÇON INSOLITE LES TOITS D'UN CHÂTEAU OÙ S'ENROULENT LES MÉANDRES D'UNE ÉTRANGE FUMÉE.

13

SOUDAIN, DANS LES PROFONDEURS D'UN COULOIR, UNE OMBRE SE PROFILE DANS LES LUEURS ROUGEOYANTES D'UNE CHEMINÉE...

... ET TITUBANT, IVRE DE VOLUPTÉ ET D'HORREUR, LE CONNÉTABLE GILLES DE LAVAL, MARÉCHAL DE FRANCE ET HAUT SEIGNEUR DE RAIS, TIFFAUGES, CHAMPTOCÉ, MACHECOUL ET LONGUES TERRES, VA REGAGNER LE LIT MONUMENTAL DE SA CHAMBRE.

J'AI LA GORGE COMME UNE BRAISE... MMH! JE VAIS RESPIRER UN PEU L'AIR DU DEHORS.

MAIS, LE VENT EST GLACÉ!

VOTRE MANTEAU DE VAIR, MONSEIGNEUR.

HAAH! LA VIGUEUR DU VENT NE POURRA POINT ÉTEINDRE LES FEUX QUI CONSUMENT MON ÂME! LES TISONS SONT EN DEDANS ET QU'Y PUIS-JE?... ET, SI LE CIEL EST SI NOIR, COMMENT Y VERRAI-JE JAMAIS LA VIERGE SAINTE QUI PARDONNE TANT!?...

CALMEZ-VOUS, MESSIRE, ET REVENEZ SOUS LE COUVERT; VOUS ALLEZ PRENDRE TRISTE MAL.

POURQUOI SUIS-JE ABANDONNÉ SEUL AVEC CES FEUX QUI TORDENT MON COEUR? QUI PEUT SAISIR CETTE MAIN ET ME TIRER HORS DE LA FOURNAISE? QUI? QUI?...

OH, JHEN! POURQUOI LAISSES-TU TON COMPAGNON DANS LES TÉNÈBRES, JHEN, TOI QUI ÉTAIS LA BONNE LUMIÈRE!

PEUT-ÊTRE L'AVEZ-VOUS QUELQUE PEU MALTRAITÉ, MONSEIGNEUR! VOUS ÊTES PARFOIS FORT SAUVAGE AVEC CEUX QUI VOUS AIMENT! MAIS SI VOUS LE DÉSIREZ, J'IRAI QUÉRIR JHEN DANS CETTE BOURGADE OÙ IL EST ALLÉ REDRESSER LES MURAILLES.

JE VAIS AVISER... MAIS RENTRONS, L'AUBE VA POINTER.

QUELQUES HEURES PLUS TARD, À LA GORE, LE TRAVAIL A REPRIS AVEC UNE BELLE ARDEUR.

ENCORE PLUS LOIN, IL NE DOIT RIEN RESTER DE CE BOIS.

QUELLE MISÈRE!

LES PIERRES SONT BONNES, C'EST UN SOLIDE CIMENTAGE QUI EST NÉCESSAIRE.

HÉ! REGARDEZ DONC QUI MONTE À LA CITÉ.

PALSEMBLEU, VOILÀ EN SUS MOULT ENNUIS À VENIR.

12

VOILÀ DONC L'ERMITE QUI AMÈNE LES DEUX SORCIÈRES DANS NOS MURS!

MOI, IL Y A BELLE LURETTE QUE JE LES AURAIS FAT FLAMBER SUR NOS BÛCHERS!

IL N'EST POINT TROP TARD POUR BIEN FAIRE!

ET PEU APRÈS...

VOYEZ QUI ARRIVE, MESSIRE! NOUS AVONS GENTE VISITE.

PAR LES CORNES DU MALIN, QUE VIENNENT FAIRE CES DIABLESSES ICI?...

CECI ME REGARDE... ET MOI VIVANT, PERSONNE NE TOUCHERA À UN SEUL DE LEURS CHEVEUX.

VIENS PAR LÀ UN MOMENT.

JHEN, LA PRÉSENCE DE CES FEMELLES DANS LE BOURG AMÈNERA MOULT DIFFICULTÉS. AVEC LE DANGER QUI NOUS GUETTE C'EST GRANDE DÉRAISON.

TU ES VENU ME QUÉRIR BIEN LOIN POUR LA DÉFENSE DE CETTE CITÉ, EUSTACHE, ET TU M'AS DONNÉ POUVOIR DONT JE N'ABUSE POINT CES FEMMES NE PEUVENT RESTER AU DEHORS ET PERSONNE NE SERA LAISSÉ EN PÂTURE AUX ÉCORCHEURS. TANT QU'IL Y AURA DANGER, ELLES RESTERONT AU CHÂTEAU CAR C'EST LÀ QU'ELLES DOIVENT PRENDRE SÉJOUR... OU BIEN JE PARTIRAI AVEC CES MALHEUREUSES ET L'ERMITE.

TU ME FORCES LA MAIN: C'EST MAUVAISE AFFAIRE.

ALORS, VIENS LES INSTALLER AVEC MOI: NOTRE PRÉSENCE SERA INDISPENSABLE.

AAH! QUE LES TEMPS SONT DIFFICILES!

QUELQUES INSTANTS PLUS TARD, LA PETITE TROUPE S'ARRÊTE DEVANT LE SEUIL DU CHÂTEAU, SOUS LES REGARDS SOMBRES DE QUELQUES CITADINS.

ENFIN...

VOICI LA PIÈCE QUI VOUS SERA RÉSERVÉE. JE M'OCCUPERAI MOI-MÊME DE VOTRE FEU. JE MONTERAI AUSSI VOS CRUCHES ET SEAUX, PUIS JE DESCENDRAI LES EAUX SALES.

COMMENT TE REMERCIER, PARFAIT?

SIMPLEMENT EN ME LAISSANT ADMIRER TES YEUX, MA BELLE, ET ME RÉGALER DE TOUT CE QUE JE VOIS DEDANS ET QUE TES LÈVRES NE MURMURENT POINT.

LE LENDEMAIN, LA GORE PRÉSENTE UN ASPECT ÉTRANGE : LA FORÊT SÉCULAIRE QUI MONTAIT VERS LE BOURG EST RASÉE ET SEULS QUELQUES BÛCHERONS ACHÈVENT DE NETTOYER LE SITE QUI PARAÎT À TOUS SOUDAIN AFFREUSEMENT DÉSOLÉ. AUSSI NUL NE PRÊTE ATTENTION À L'ÉQUIPAGE QUI GRAVIT LE CHEMIN, BANNIÈRE AU VENT.

POURTANT, SUR L'ORIFLAMME DE CE PERSONNAGE, IL Y A LES ARMES DU ROY DE FRANCE ET SA TRANQUILLE ASSURANCE MONTRE COMBIEN IL SE JUGE IMPORTANT.

ET ARRIVÉ AU CHÂTEAU ...

LA MÉHARGNE, MESSIRE ! JE SUIS LE PRÉVÔT DU TRÉSOR ROYAL (1) NOUVELLEMENT NOMMÉ POUR CE FIEF ET J'AI MISSION DE M'ACQUITTER DE MA CHARGE À LA GORE ET SES ENTOURS.

COMMENT ?! PAR CES TEMPS DE FOLIE, LE ROY, QUI N'ENVOIE POINT LE MOINDRE SECOURS À SES SUJETS, EXIGE L'IMPÔT !?

PRÉCISÉMENT, MESSIRE, POUR QUE LE SOUVERAIN S'ACQUITTE DE SES DEVOIRS AFIN D'ACHEVER DE BOUTER L'ANGLOIS HORS DU ROYAUME ET PROTÉGER SON PEUPLE, IL FAUT QUE L'ARGENT RENTRE DANS LES CAISSES DU ROYAUME. JE SUIS LÀ POUR CELA.

ALLEZ DONC RÉCLAMER LA DÎME ET LES DROITS DE L'ÉGLISE À L'ÉVÊCHÉ ET AUX COUVENTS. ILS LES ONT EXIGÉS PAR FORCE, EUX QUI NE BAILLENT POINT UN ÉCU AU ROY ALORS QUE NOS MURAILLES SONT FORT MAUVAISES ET QU'UNE TROUPE D'ÉCORCHEURS RÔDE À QUELQUES LIEUES.

TOUT CELA N'EST POINT MON AFFAIRE. J'AI UNE MISSION ET JE LA REMPLIRAI. OÙ PUIS-JE M'INSTALLER ?

À LA HALLE.

LE CAPITAINE DE NOS ARCHERS VA VOUS Y CONDUIRE. NOUS VOUS RÉSERVERONS LE GÎTE ; POUR LE COUVERT, VOUS VOUS ARRANGEREZ AVEC VOS PRISES.

À PLUS TARD, MESSIRE.

NON POINT. J'AURAI D'AUTRES OCCUPATIONS QUE VOUS VISITER MAIS TIENS À VOUS PRÉVENIR QU'EN CAS DE PERSÉCUTION ABUSIVE DE MES GENS, JE ME FÂCHERAIS.

HÉ !.. VOILÀ CURIEUSE VISITE !?

JHEN !?.. MAIS QUE FAIS-TU LÀ-HAUT ?

(1) COLLECTEUR D'IMPÔTS.

16

MAIS TOUT BONNEMENT UNE PIERRIÈRE (1)! IL FAUDRA BIEN EMPÊCHER AU MIEUX L'ENNEMI D'INSTALLER DES BOMBARDES TROP PRÈS! NOUS AVONS SI PEU DE BOUCHES À FEU... ET ENCORE MOINS DE POUDRE!

EH OU! TOUT CELA EST TELLEMENT CHER!

ET CE N'EST PAS PAR LA VENUE DE CE PERSONNAGE... DONT J'AI VU LES EMBLÈMES DE PRÉVÔT DU TRÉSOR SUR LA BANNIÈRE... QUE NOUS ALLONS POUVOIR EN QUÉRIR AVEC NOTRE BEL ARGENT QU'IL S'ACHARNE À PRENDRE... AU FAIT, EUSTACHE, LUI AS-TU DIT QU'EN CAS D'ATTAQUE, TOUT HOMME VALIDE DOIT COMBATTRE POUR LE BOURG?

NON. MAIS PUISQUE TOI, LE CHEF D'ARME DE LA PLACE, TU L'AS CLAMÉ BIEN HAUT, CEUX QUI L'IGNORAIENT ENCORE, MAINTENANT ILS LE SAVENT!

ET C'EST DE BIEN MÉCHANTE HUMEUR QU'ENGUERAND LA MÉHARGNE ARRIVE AUX HALLES.

EN TOUT CAS, SI LA CITÉ A DÉFICIENCE DE POUDRE, ELLE NE MANQUE POINT DE VICTUAILLES.

LE LENDEMAIN MATIN, ALORS QUE LES LUEURS DU LEVANT ILLUMINENT SOUDAIN LES TOITS DE LA GORE, DES FUMÉES APPARAISSENT PLUS AU NORD.

LE SOLEIL!... ENCORE UNE BONNE JOURNÉE DE LABEUR À VENIR!... AAAH!... QUEL CALME! ET QUELLE DOUCEUR!... SI CELA POUVAIT DURER LONGTEMPS! N'EST-IL PAS VRAI, PARFAIT?...

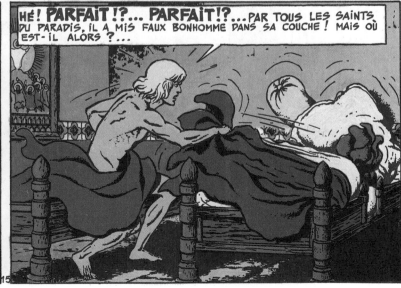

HÉ! PARFAIT!?... PARFAIT!?... PAR TOUS LES SAINTS DU PARADIS, IL A MIS FAUX BONHOMME DANS SA COUCHE! MAIS OÙ EST-IL ALORS?...

(1) MACHINE DE JET DE PIERRES.

17

QU'EST-CE ?... DES BOIS QUI CRAQUENT !... POUR SÛR C'EST NOTRE ERMITE... HÉ! HÉ! IL A ÉTÉ SOUS LES COMBLES!

AAAH! LES MAUVAISES MARCHES!

CRRRiii

IL N'A POINT SOULEVÉ LES DRAPS... QUELLE CHANCE!

MAIS SI, MAIS SI, MON BRAVE... ALORS COMME CELA TU ES SOMNAMBULE! JE NE SAVAIS PAS.

NE TE MOQUE PAS, JHEN! CERTES J'AI VOULU TE TROMPER, PARDONNE-MOI.

TU ES DEVENU AMOUREUX À CE POINT! APRÈS TOUT C'EST HEUREUSE ISSUE, BON COMPAGNON; ET QUE VAS-TU FAIRE?

JE NE SAIS! PEUT-ÊTRE ME MARIER AVEC ELLE, SI C'EST POSSIBLE! MAIS Y ARRIVERONS-NOUS?

POUR L'HEURE CERTAINEMENT POINT; TOUTEFOIS, SI NOUS GAGNONS LA BATAILLE DE LA GORE, CELA SE POURRA SANS DIFFICULTÉ, JE T'EN ASSURE.

CEPENDANT, QUELQUE CHOSE M'ÉTONNE DANS TON AVENTURE: LA MARÂTRE DE CETTE FILLE N'A POINT L'AIR SOTTE ET ELLE TE LAISSE VENIR, LA NUIT, DANS SA CHAMBRE... SANS RIEN DIRE?...

NON POINT. IL Y A UNE PIÉCETTE CONTIGUË, AU-DESSUS DE L'ESCALIER DE BOIS, AVEC PLUSIEURS ISSUES. C'EST LÀ QU'ARIANA ET MOI NOUS NOUS RENCONTRONS. C'EST FORT AGRÉABLE: UN VRAI PARADIS!

LA MARÂTRE NE L'A POINT ENCORE DÉCOUVERT, DU MOINS C'EST L'IMPRESSION QUE J'EN AI... ET PUIS ELLE DORT TELLEMENT FORT!

EH BIEN, VOILÀ BONNE CHOSE ET TANT QUE...

HAOUW!

JHEN!... ILS... ILS SONT LÀ!...

LES ÉCORCHEURS!... ILS SONT LÀ PAR LA VIERGE SAINTE!

EN EFFET!... BAH! IL FALLAIT BIEN QU'ILS ARRIVENT UN JOUR OU L'AUTRE!

MAIS LES MURAILLES, LES MACHINES DE JET, LES ARMES; TOUT CELA EST-IL PRÊT?

LE DÉFENSEUR NE L'EST JAMAIS ASSEZ ET L'ATTAQUANT TOUJOURS TROP!

ET SOUDAIN...

DONG DONG DI NG DONG

L'ALARME. IL EST TEMPS DE SE PRÉPARER.

ET, DANS LE BOURG, C'EST SUBITEMENT L'AGITATION: LES HOMMES SE PRÉCIPITENT AUX REMPARTS TANDIS QUE LES FEMMES PRÉPARENT DÉJÀ LES SEAUX ET LES PEAUX HUMIDES.

PEU APRÈS, TOUT CE QUE LA GORE POSSÈDE DE COMBATTANTS SUSCEPTIBLES DE PORTER UNE ÉPÉE, UNE LANCE OU UNE ARBALÈTE EST LÀ, LE NEZ AU-DESSUS DES CRÉNEAUX.

MAIS, DANS LA TOUR NOTRE-DAME DU CHÂTEAU.

ARIANA! L'ENNEMI EST SOUS LES MURS! POUR L'HEURE, IL CONTOURNE LA CITÉ AVEC FORCE GENS ET CHARIOTS!... TU VOIS, IL ÉTAIT GRAND TEMPS DE QUITTER TA MASURE! AH! QUE JE SUIS HEUREUX DE TE VOIR CÉANS, À L'ABRI, HORS DE PORTÉE DE CES ÉCORCHEURS DU DÉMON.

GRÂCE À TOI, PARFAIT!

MAIS CECI N'EST QU'UNE HALTE, MA BIEN-AIMÉE. DÈS QUE CE MAUDIT SIÈGE SERA ACHEVÉ, NOUS PARTIRONS LOIN D'ICI, CHEZ MOI... LA DEMEURE EST EN MAUVAIS ÉTAT, CEPENDANT NOUS...

AVANT TOUT, FAITES DES VŒUX POUR SORTIR VIVANTS DE CETTE VILAINE AFFAIRE! ARIANA ET MOI SOMMES TENUES POUR DES INTRUSES ICI ET NE DIT-ON PAS QUE CES INFÂMES ÉCORCHEURS ÉCHANGENT PARFOIS LA LEVÉE D'UN SIÈGE CONTRE DE BONS ÉCUS, DES VICTUAILLES ET DES FEMMES!... DANS CE CAS, NOUS SERIONS LES PREMIÈRES SACRIFIÉES!...

À CET INSTANT, DEHORS, QUELQUES CAVALIERS S'AVANCENT VERS LA COURTINE JOUXTANT LE CHÂTEAU DE LA GORE.

HO-HÉ? OYEZ DONC!... MOI, CONRAD TIERSTEIN, MAÎTRE DE BONNE TROUPE, JE SOMME LE SIRE DE LA GORE DE NOUS OUVRIR LES PORTES DE CETTE VILLE. FAUTE DE CELA ASSAUT SERA DONNÉ ET MASSACRE IL Y AURA!...VOTRE RÉPONSE?

ALLEZ AU DIABLE!

HA! HA! SOIT, MAIS VOUS Y SEREZ AVANT NOUS.

ALORS, SUR UN ORDRE DE LEUR CHEF, LES ÉCORCHEURS GRAVISSENT LA PENTE DONNANT ACCÈS AUX PONTS-LEVIS OÙ JHEN A FAIT RASER LA FORÊT.

VITE, FAITES D'ABORD AVANCER LES CHARIOTS CHARGÉS DE BOIS. VITE!

NOUS ALLONS DONNER BEAU SPECTACLE À CES GENS-LÀ ET CE SOIR IL FAUT QUE TOUT SOIT BIEN DISPOSÉ... ALLONS, DÉPÊCHONS, DÉPÊCHONS!

ET À LA FIN DU JOUR, ALORS QUE LE CIEL JETTE SES DERNIÈRES LUEURS À L'HORIZON, LES ÉCORCHEURS ONT ALLUMÉ UN GRAND FEU PRÈS D'UN ÉTRANGE ÉCHAFAUDAGE OÙ SONT ATTACHÉS DES VILLAGEOIS CAPTURÉS AUX ALENTOURS... CELA SOUS LES REGARDS SOMBRES ET INQUIETS DES DÉFENSEURS DE LA GORE QUI SE TIENNENT SERRÉS SUR LES CHEMINS DE RONDE.

18

VOICI LES TÉNÈBRES, LE SPECTACLE PEUT COMMENCER. MOULT BOURGEOIS SONT AUX MURS ET ILS ATTENDENT : NE LES FAISONS DONC POINT LANGUIR.

ALORS ÉCORCHEZ ! ÉCORCHEZ DONC CES VILAINS QUI N'ONT POINT VOULU NOUS BAILLER LEUR ARGENT TROP BIEN CACHÉ ; CELA FERA RÊVER CES BONS CITADINS.

ET LORSQUE LES CRIS DES MALHEUREUX MONTENT COMME LES FLAMMES QUI LES ENTOURENT, LES HABITANTS DE LA GORE SE PRESSENT ENCORE PLUS AUX REMPARTS.

HAAAARGH !...

QUEL EST CE TUMULTE ? ON NE VOIT RIEN !

IL FAUT ALLER À LA PORTE SAINT JACQUES, DE LÀ ON AURA EXCELLENTE VUE.

CES INFÂMES ÉCORCHENT TOUT VIFS DE MISÉRABLES PAYSANS ! LES PAUVRES ! QUE LE SEIGNEUR DIEU ACCUEILLE LEURS ÂMES EN SON PARADIS.

CEPENDANT, AU CHÂTEAU ...

IL FAUT QUE J'AILLE LORGNER DE PLUS PRÈS CE QUI SE PASSE AU DEVANT DE LA POTERNE. ET TOI, OÙ VAS-TU ?...

JE VAIS SURVEILLER !

PEU APRÈS, TANDIS QU'EUSTACHE DE LA GORE SE FRAIE UN PASSAGE POUR ATTEINDRE LE CHEMIN DE RONDE ...

... À L'OPPOSÉ, DANS L'OBSCURITÉ ET LE SILENCE, D'ÉTRANGES FORMES GRIMPENT SUR LES REMPARTS.

ET BIENTÔT ...

LA MURAILLE EST EN MAUVAIS ÉTAT ICI. C'EST LA BONNE CHANCE.

19

S'AIDANT DE LEUR COUTELAS, CES INQUIÉTANTS ESCALADEURS FICHENT DANS LE CIMENT GÂTÉ DE COURTS ÉPIEUX QUI LEUR SERVENT D'ÉCHELONS.

PERSONNE!... PSSST!... VENEZ, VOUS AUTRES.

VITE! DISPERSEZ-VOUS DE CHAQUE CÔTÉ. ENSUITE, A LA PORTE.

MAIS SOUDAIN...

ALLEZ!...ET N'EN RATEZ AUCUN!

AU MÊME INSTANT, UNE VOLÉE DE FLÈCHES ENFLAMMÉES FUSENT DE LA TOUR VIEILLE ÉCLAIRANT LES ASSAILLANTS.

PUIS, DE L'AUTRE TOUR, LES ARCHERS TIRENT AVEC PRÉCISION SUR LES GUEUX QUI S'ÉCRASENT ET FUIENT EN PLEIN DÉSARROI.

HA! JHEN! QUEL BON MOUVEMENT TU AS EU DE VENIR ICI AVEC CES GENS D'ARMES.

LES POTENCES ET LES FEUX DE CES MAÎTRES FOURBES M'ONT PARU SUSPECTS. ALORS!...

TU AS ENTENDU?...

OUI, LA RUSE EST ÉVENTÉE ET NOS HOMMES SE FONT OCCIRE L'UN APRÈS L'AUTRE.

DANS CE CAS, PLUS BESOIN DE JOUER COMÉDIE. BOUTEZ-MOI LE FEU À CETTE CANAILLE ÉCORCHÉE: CE SERA BONNE FIN POUR EUX... ET POUR NOUS CE SOIR.

22

ALORS, DANS LES LUEURS DES FLÈCHES QUI SE CONSUMENT, APPARAÎT LA SINISTRE DÉFAITE DES GUEUX.

DIANTRE ! IL FAUDRA FAIRE DISPARAÎTRE CES CORPS VIVEMENT CAR LA POURRITURE DEVIENDRA INSUPPORTABLE.

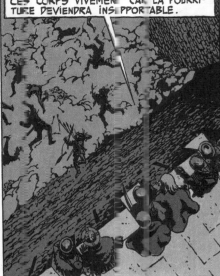

PEUT-ÊTRE QUE LES CORBEAUX CHAROGNARDS EN FERONT PÂTURE !?...

SERGENT, VEILLE À CE QUE CHAQUE SECTION DE COURTINE AIT BONNE QUANTITÉ DE DÉFENSEURS, ET SURTOUT, QUE CEUX-CI OUVRENT LES YEUX : NOUS AVONS AFFAIRE À UN ENNEMI PARTICULIÈREMENT SOURNOIS.

ET, SANS PRENDRE DE REPOS, JHEN INSPECTE LES DÉFENSES, VA DE DROITE À GAUCHE ET DU NORD AU SUD... PUIS, LORSQUE LE JOUR ÉCLAIRE LENTEMENT LA CITÉ...

JE VAIS ALLER DORMIR UN PEU ET...

UN INSTANT, MESSIRE ! LE PRÉVÔT LA MÉHARGNE DÉSIRE VOUS ENTRETENIR SANS DÉLAI : LE SERVICE DU ROY !...

ATTENDEZ LÀ UN INSTANT, SÉNÉCHAL.

JE PATIENTERAI.

BONJOUR, MESSIRE JHEN ROQUE. PRENEZ SIÈGE, JE VOUS PRIE... COMME VOUS SAVEZ PEUT-ÊTRE, LES COFFRES DU ROYAUME SONT VIDES. QUASIMENT !... IL EST DONC NÉCESSAIRE DE RECOUVRER L'IMPÔT ET QUE CHAQUE HABITANT DE CE BOURG VIENNE ICI, AU DEVANT DE MOI. EN DEHORS DE LA DÎME QUI EST AFFAIRE D'ÉGLISE, J'AI LA CHARGE DE PERCEVOIR LE CENS, LA GABELLE ET LE...

LA MÉHARGNE, JE NE SUIS POINT HOMME DE GUERRE MAIS JE LA FAIS LORSQUE C'EST NÉCESSAIRE. J'IGNORE SI LES GENS DE CETTE VILLE ONT DE QUOI PAYER VOS CONTRIBUTIONS. CEPENDANT, À VOIR L'ÉTAT DE LEURS FORTIFICATIONS, J'EN DOUTE ! ALORS, COMME ILS N'ONT POINT D'ARGENT ET QUE LES FAIBLESSES DU ROYAUME LES OBLIGENT À SOUTENIR UN SIÈGE, NUL NE QUITTERA SON POSTE TANT QUE CES ÉCORCHEURS DU DIABLE CAMPERONT DEVANT LES MURS.

D'AUTRE PART, COMME CHACUN ICI DOIT ÊTRE UTILE À LA DÉFENSE, VOUS ET VOS GENS DEVEZ PRENDRE IMMÉDIATEMENT UN TOUR DE GARDE, OU BIEN PARTIR DANS L'HEURE. LES ASSIÉGEANTS VOUS LAISSERONT PASSER CAR NUL NE VIT JAMAIS UNE TROUPE PROTÉGÉE PAR LES ARMES DU ROY ÊTRE ATTAQUÉE... HORMIS PAR LES ANGLOIS ! ENFIN, AU DEHORS, ALLEZ VISITER LE ROY CHARLES ET DITES-LUI LA MISÈRE DU ROYAUME ET DE LA GORE EN PARTICULIER. DEMANDEZ ASSISTANCE ET, SI LA COURONNE NE LE PEUT, FAITES SAVOIR AU MARÉCHAL DE RAIS, SIRE DE LAVAL, QUE SON AMI JHEN EST DANS LA PEINE.

21

UN INSTANT ! AFIN QUE LE MONARQUE PUISSE LEVER ET ÉQUIPER VAILLANTE TROUPE, IL EST INDISPENSABLE QUE L'IMPÔT LUI SOIT VERSÉ. PAYEZ D'ABORD, ON DÉLIVRERA ENSUITE.

NENNI, GENTILHOMME. C'EST AVEC DE TELLES PRATIQUES QUE CETTE GUERRE DURE DEPUIS CENT ANS.

PAR TOUS LES SAINTS DU PARADIS, CES MARAUDS VONT NOUS OCCIRE!

EH BIEN PARTEZ DONC, PRÉVÔT. LE PLUS TÔT SERA LE MIEUX, POUR VOUS COMME POUR NOUS.

QUE LE CIEL LE PERMETTE!

UN PEU PLUS TARD, TANDIS QUE DES PROJECTILES DE TOUTES TAILLES TOMBENT TOUJOURS SUR LES TOITS, JHEN RÈGLE HÂTIVEMENT LES PIERRIÈRES.

POURVU QU'ELLES FONCTIONNENT CORRECTEMENT! NE BOUTEZ LE FEU AUX RÉCIPIENTS D'ALCOOL QU'AU DERNIER MOMENT. ATTENTION!
ALLEZ-Y!

ET SOUDAIN, LES POTS ENTOURÉS D'ÉTOUPES ENFLAMMÉES BONDISSENT EN L'AIR À LA STUPÉFACTION DES ASSIÉGEANTS...

...ET, EN PERCUTANT LE SOL, ELLES ÉCLATENT, PROPAGEANT L'INCENDIE UN PEU PARTOUT.

C'EST À CET INSTANT QUE LES PORTES DE LA VILLE S'OUVRENT FURTIVEMENT POUR LAISSER LE CHEMIN AU PRÉVÔT LA MÉHARGNE ET SA SUITE.

TU AS VU?!... TOUT UN GROUPE AVEC DES ORIFLAMMES FRAPPÉES AUX LYS DE FRANCE.

PALSEMBLEU! VOILÀ QUI MÉRITE UN BRIN DE CAUSETTE!

HALTE, BEAU SEIGNEUR! OÙ ALLEZ-VOUS EN SI NOBLE COMPAGNIE... SANS NOUS SALUER AU PASSAGE?

IL NE SIED POINT À UN PRÉVÔT DU ROY DE RENDRE HOMMAGE À CHEF DE TRUANDS QUI ASSIÈGENT UNE CITÉ DU ROYAUME.

C'EST QUE VOTRE MAÎTRE N'A POINT PAYÉ LES SOLDES DUES À MES GENS, CELA DEPUIS DES ANNÉES. ALORS, IL FAUT BIEN VIVRE!

PERSONNELLEMENT, JE N'EN VOIS POINT LA NÉCESSITÉ, DU MOINS DE LA SORTE.

VOICI MÉCHANTES PAROLES, MESSIRE PRÉVÔT; MES HOMMES ONT ÉCORCHÉ POUR MOINS QUE CELA.

SAUF POUR BOUTER L'ANGLOIS, L'OST (1) INTERVIENT RAREMENT. MAIS IL LE FERAIT POUR VENGER UN OFFICIER DU ROY; VOUS LE SAVEZ BIEN.

POSSIBLE. JE VAIS DONC VOUS LAISSER PARTIR, MAIS EN ÉCHANGE, BAILLEZ-NOUS VOS ÉCUS ET RICHESSES.

NON POINT. TOUT CE QUE NOUS AVONS APPARTIENT À LA COURONNE ET HORS NOS VIES, RIEN NE SERA CÉDÉ.

ALORS, JUREZ SUR LA VIERGE, MÈRE DU CHRIST, QUE VOUS N'ALLEZ PAS QUÉRIR AIDE DU ROY À LA DEMANDE DES ASSIÉGÉS.

ÇA, JE LE JURE.

ENFIN, LA PETITE TROUPE S'ÉLOIGNE PAR LE CHEMIN ROCAILLEUX SOUS LES REGARDS SOMBRES DES ÉCORCHEURS ET CEUX ENVIEUX DES HABITANTS DE LA GORE.

SALUT À VOUS, MESSIRE LA MÉHARGNE! QUE DIEU ET SES SAINTS VOUS PROTÈGENT.

MERCI. JE ME SOUVIENDRAI DE VOUS. SOYEZ-EN CERTAIN.

MAIS AU MÊME INSTANT.

ILS SONT TOUS DISTRAITS, C'EST LE MOMENT... À L'ASSAUT!

(1) *ARMÉE ROYALE.*

25

COMME UN ESSAIM ENRAGÉ, LES GUEUX ENTOURENT RAPIDEMENT LA POTERNE MALGRÉ LA VIVE RIPOSTE DES DÉFENSEURS.

ALERTE!...
SONNEZ L'ALERTE!...

CEPENDANT, LE NOMBRE DES ATTAQUANTS SUBMERGE TOUT...

... SANS QUE LES TIREURS DE LA TOUR DE SAULX ET DE LA PORTE SAINT-JACQUES PUISSENT AJUSTER LEURS TRAITS.

ET MALGRÉ LEURS PERTES, LES RIBAUDS PARVIENNENT AU TOIT QU'ILS DÉGARNISSENT VIVEMENT POUR PÉNÉTRER À L'INTÉRIEUR.

ALORS, PENDANT QUE LES DERNIERS DÉFENSEURS DE LA POTERNE SONT JETÉS DANS LE RAVIN, CONRAD TIERSTEIN FAIT SON ENTRÉE DANS LA PREMIÈRE PRISE DES FORTIFICATIONS.

EH BIEN, PRÉVÔT OU POINT, PERSONNE NE SORTIRA PLUS DE CE BOURG SAUF SUR LE FIL DE NOS ÉPÉES.

MAIS AU MÊME MOMENT, À L'ABBAYE DE SAINT-ROYE DE SAULX...

PÈRE ABBÉ, UN OFFICIER RÉCOLTEUR DU ROY ET SA SUITE VIENNENT DE SE PRÉSENTER À L'ENTRÉE. IL SE NOMME LA MÉHARGNE.

UN PERCEPTEUR D'IMPÔTS! QUEL MAUVAIS VENT L'A POUSSÉ JUSQU'ICI? ENFIN!... J'Y VAIS.

SOYEZ LE BIENVENU, MESSIRE.

NE CRAIGNEZ RIEN, L'ABBÉ, JE NE VIENS POINT TONDRE VOS MOINES, NON. SEULEMENT VOUS DEMANDER LE COUVERT POUR UN REPAS... AVEC QUELQUES SECOURS POUR LA GORE QUI EST DE VOTRE DOMAINE ET PRÉSENTEMENT ASSAILLI PAR VILAINE BANDE D'ÉCORCHEURS.

QUEL MALHEUR! PAUVRES GENS! ... NOUS FERONS UNE NEUVAINE À LEUR INTENTION.

MAIS, VENEZ VOUS REPOSER DANS LA SALLE D'HÔTE; LES ROUTES SONT TELLEMENT PÉNIBLES, EN CE TEMPS!

CERTES, MAIS CE QUI L'EST DAVANTAGE EST CE QUI COURT DESSUS! VRAIMENT, PÈRE ABBÉ, VOUS N'AVEZ POINT D'AUTRE AIDE À APPORTER AUX GENS DE LA GORE QUE VOS PRIÈRES?...

CROYEZ-MOI, MESSIRE, MIEUX VAUT CELA QUE TOUT CE QUI ESTOQUE ET TAILLE! NOTRE ORDRE NE DOIT PORTER LE GLAIVE ET SI MÊME NOUS LE POUVIONS, CE SERAIT VAIN CAR NOUS NE SOMMES POINT ASSEZ SOLIDES, NI NOMBREUX, POUR VAINCRE CETTE BANDE D'ASSASSINS QUI HANTENT LES CAMPAGNES.

ALORS, IL FAUDRA DONC QUE NOUS ALLIONS PLUS LOIN!

CEPENDANT, À LA GORE, LA JOURNÉE SE DÉROULE SANS AUTRE INCIDENT, SAUF LA DÉMOLITION DU TOIT CONQUIS.

ILS ENLÈVENT TUILES ET CHARPENTES. QUE PRÉPARENT-ILS ENCORE LÀ?

ET À LA FIN DU JOUR, LA POTERNE PRÉSENTE UN ASPECT INSOLITE TANDIS QU'UN CIEL DE FEU ILLUMINE LES REMPARTS.

C'EST LE MOMENT OÙ DANS LA GRANDE SALLE DU CASTEL DE LA GORE, LE REPAS DU SOIR VA DÉBUTER.

EH BIEN, JE VAIS RÉCITER LE BÉNÉDICITÉ.

AH! VOICI NOTRE ERMITE, IL EST MIEUX QUALIFIÉ POUR...

MAIS!? PARFAIT! QUI DONC T'A DÉGUISÉ DE LA SORTE? QU'EST DEVENU TON FROC?

MATHILDE, LA MARÂTRE D'ARIANA, ME L'A TRANSFORMÉ AINSI. N'AYANT PLUS D'ERMITAGE, IL N'EST PAS NÉCESSAIRE D'EN PORTER L'HABIT.

SANS DOUTE, MAIS SI TU N'ES PLUS HOMME DE DIEU, TU DOIS DEVENIR HOMME DE GUERRE, POUR DÉFENDRE LA CITÉ. AUPARAVANT, RÉCITE-NOUS DONC LA PRIÈRE.

POUR SÛR, ET JE SERAI GUERRIER D'AUTANT MEILLEUR QU'EN PLUS DE MA FOI J'AI À DÉFENDRE MAINTENANT UN FOYER.

QUOI?!

PARFAIT, IL SERAIT MALSÉANT DE FAIRE ATTENDRE CES GENS QUI ONT VENTRE CREUX. RÉCITE, PARFAIT, RÉCITE.

27

QUE LE SEIGNEUR DIEU TOUT-PUISSANT BÉNISSE LE PAIN, LE VIN ET LE...

BOUM BOUM

PORTIER, OUVRE DONC. QU'ATTENDS-TU ?

L'ARCHIPRÊTRE ! QUELLE BONNE SURPRISE ! VOULEZ-VOUS PRENDRE PLACE ?

NENNI, MESSIRE, ET PARDONNEZ-MOI D'INTERROMPRE VOTRE SOUPER MAIS AFIN DE CONJURER LE SORT NÉFASTE QUI S'EST ABATTU SUR NOTRE VILLE, DEMAIN, À TIERCE, JE VAIS FAIRE PROCESSION AVEC NOS SAINTES RELIQUES. LE CORTÈGE PARTIRA DE SAINT-EUSTACHE POUR FAIRE LE TOUR DE LA PAROISSE PAR LE CASTEL, LA PLACE DU BÉRANGER, LA RUE DE L'ABREUVOIR, LA PLACE SAINT-JACQUES, CELLE DU CHEVALIER...

...DE L'ÉCHAUDÉ ET ENFIN, NOUS RENDRONS GRÂCE À DIEU DANS NOTRE ÉGLISE. MES VICAIRES SONT ALLÉS PRÉVENIR NOS OUAILLES. PAR CONSÉQUENT, IL ÉTAIT CONVENANT QUE JE ME DÉRANGE POUR VOUS DEMANDER, MESSIRE, DE PERMETTRE À TOUS LES HABITANTS, SANS EXCEPTION, DE SUIVRE CETTE ACTION DE GRÂCE. CELA, BIEN SÛR, HORMIS LES DÉFENSEURS À LEURS POSTES.

JE VOUS LE PROMETS, CURÉ, PAS ÊTRE VIVANT NE RESTERA À DEMEURE ET MÊME S'IL EST INDISPENSABLE QUE CHATS, CHIENS ET RATS FASSENT AUSSI PROCESSION, NOUS LES POUSSERONS À COUPS DE GOURDINS.

MERCI. DIEU SE SATISFERA DES HOMMES, MESSIRE.

ALORS, LE LENDEMAIN, PAR UN JOUR GRIS ET FRAIS, LE DÉFILÉ PREND CORPS, ET LE CHÂTEAU SE VIDE DE SES GENS ENCAPUCHONNÉS POUR LA CIRCONSTANCE.

PUIS, EN PSALMODIANT, TOUS REMONTENT LA RUE DE L'ABREUVOIR LORSQU'UN BRUSQUE COUP DE VENT AFFOLE LES FLAMMES DES CIERGES, SOULÈVE ÉTENDARDS ET BANNIÈRES ET FAIT VOLER COIFFES ET CHAPELS.

26

LA SORCIÈRE !...

LA MAUVAISE FEMELLE EST PARMI NOUS !

QU'ON LA JETTE PAR-DESSUS LES REMPARTS.

VENEZ L'ÉCORCHER TOUTE VIVE.

NON, PRESSONS PLUTÔT UN BÛCHER ET QU'ELLE FLAMBE !

PARFAIT !... PARFAIT !... AU SECOURS !

PAR LE SANG DIEU !

MAIS ! ELLES SONT TOUTES FOLLES !?

TIENS BON, PARFAIT ! TIENS BON.

COURONS AU CASTEL.

CES ENRAGÉS VONT NOUS RATTRAPER ; HÂTEZ-VOUS !

OUVREZ L'HUIS ! VITE ! VITE !

CES MAUDITES SORCIÈRES VONT NOUS ÉCHAPPER, ENCORE !

VOILÀ UNE INSULTE À TOUTES LES HONNESTES FEMMES DU BOURG !

CLAC

EH BIEN, CE FUT UNE CHAUDE AFFAIRE ! OUF !

MA PETITE ARIANA, CALME-TOI... JE TE PROTÉGERAI TOUJOURS.

VILAINE FARCE ! NOUS VOICI AVEC UNE PROCESSION EN DÉBANDADE...

... ET DES ÉCORCHEURS AU DEHORS. MAINTENANT, QUE CETTE FILLE ET SA MARÂTRE MONTENT DANS LEUR GRENIER TOUT DE SUITE... ET, FOI DE GENTILHOMME, ELLES N'EN SORTIRONT PLUS.

27

QUANT À TOI, PARFAIT, TU ...

IL DÉPEND DÉSORMAIS DE MOI, LA GORE. JE VAIS M'EN OCCUPER ... ET NE DISONS PLUS RIEN LÀ-DESSUS, DE GRÂCE.

ALLONS, TOI ; NOUS AVONS À BESOGNER SUR LES COURTINES, VIENS.

GARDE CONFIANCE, ARIANA. JE VIENDRAI TE VOIR LE PLUS SOUVENT POSSIBLE.

OUI, PARFAIT.

ET PEU APRÈS ...

EH BIEN VOUS AUTRES ? RIEN À FAIRE ?... S'IL N'Y A PLUS À PROCESSIONNER, IL FAUT TOUJOURS DÉFENDRE LA CITÉ.

MAIS LE MÊME SOIR, TANDIS QU'UNE LUNE PÂLE APPARAÎT FURTIVEMENT ENTRE DES NUAGES D'ENCRE ...

C'EST BIEN. AU LARGE, MAINTENANT.

LA BRAISE, VITE !

VOILÀ !

QUE SE PASSE-T-IL ? VOUS AVEZ ENTENDU, CELA SEMBLAIT ÊTRE DES VOIX D'HOMMES ?!...

OH ! LE VENT, SANS DOUTE' !...

HÉ !...UNE FLAMME QUI COURT.

28

30

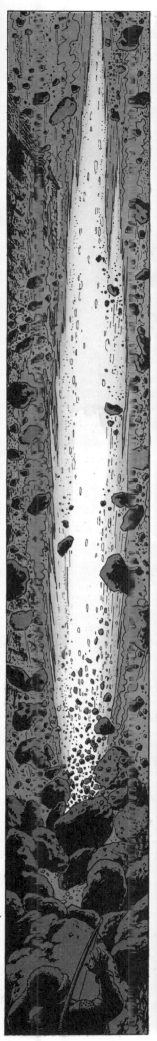

LA TROUÉE
EST FAITE !...
EN AVANT !...

HAAH !
LA VILLE
EST À NOUS !

MAIS, À CET INSTANT...

DONG
DELONG
GLONG

DELONG
GLONG
BLONG

ILS SONNENT LE TOCSIN,
MAIS IL N'Y AURA PLUS
ONQUES DÉFENSEUR
SUR CE REMPART !...
NOUS SOMMES MAISTRES
DE LA COURTINE !

HÉ ! HÉ ! CEUX-LÀ
SONT OCCIS ...
À NOUS
LES TRÉSORS,
LES FEMMES,
LES FILLES ...

... ET LES
MASSACRES !

VIC
TOI
RE !..

BOUM

PAR LES CORNES DU DIABLE! CES MAUDITS CHIENS ONT DRESSÉ ARMES À FEU SUR LES TOITS DES MAISONS!

LA BRÈCHE EST TROP ÉTROITE; NOUS N'ARRIVERONS À RIEN. FILONS D'ICI.

AVEZ-VOUS TOUS DÉRAISON? CE N'EST QU'UN INCIDENT DE BATAILLE. SUIVEZ-MOI... EN AVANT!

AVEC CE VEUGLAIRE, TU DOIS POUVOIR SUPPRIMER LA BOUCHE À FEU ENNEMIE... ET SOIS PRUDENT...!

LÀ!...VAS-Y.

BROUM

ON LES A EUS! FORMIDABLE! HA! HA! HA!

CESSE DE RICANER, SINISTRE VAMPIRE, ET DÉFENDS-TOI EN COURAGEUX COMBAT, S'IL TE RESTE QUELQUE HONNESTETÉ AU CŒUR!

AH C'EST TOI, JHEN ROQUE!...NOUS AVONS COMPTE ENSEMBLE, EH BIEN RÉGLONS-LE, EN DUEL, JUSQU'À LA MORT!

HO-LÀ! SI VOUS VOULEZ HONNESTE JOUTE, ATTENDEZ LE LEVER DU JOUR... ALORS, QU'IL SE DÉROULE HORS LES MURS, EN BONNE LICE.

CE CHÂTELAIN A RAISON, JHEN ROQUE. AINSI NOS GENS POURRONT SAVOURER MA VICTOIRE!

... OU TA PITEUSE DÉFAITE.

JE PROPOSE LE TERRAIN OÙ SE DONNAIENT AUTREFOIS BRILLANTS TOURNOIS; AU PIED DE LA MURAILLE EST.

D'ACCORD. DANS UNE HEURE J'Y SERAI AVEC MES ARMES. LE VAINQUEUR SERA DONC MAÎTRE DE LA VILLE.

ET LORSQU'UN PÂLE SOLEIL ÉCLAIRE LES HAUTES MURAILLES DE GUÉRANDE À LA TOUR CÉLESTIN, LA LICE EST PRÊTE, ET DÉJÀ LES COURTINES SONT ENCOMBRÉES DE SPECTATEURS.

HÂTEZ-VOUS, MESSIRE, LE MAÎTRE ÉCORCHEUR ATTEND DÉJÀ... ET QUE LE DIABLE L'EMPORTE!

MERCI, L'AMI.

NOUS VOICI DONC EN ÉTAT DE RÉGLER NOTRE AFFAIRE UNE BONNE FOIS. RECOMMANDE PLUTÔT L'ÂME À TON DIEU...

ET TOI AUX ENFERS!... EN GARDE!

BRUSQUEMENT, CONRAD TIERSTEIN PORTE ESTOC FULGURANT ET JHEN, SURPRIS, DOIT LÂCHER PIED.

HÉ! PLUS SI FIER, L'AMI, AVEC LA CORDE DE LICE AU JARRET... JE VAIS T'OCCIRE PROPREMENT.

HAAAAAAH!...

33

APRÈS TOI, JE T'EN PRIE.

HIEEEEH!

TRAÎTRE!

MEURS DONC.

TCHAK

VA DONC. RAMASSE TON ÉPÉE... ENFIN CE QU'IL EN RESTE!

BRAVO, JHEN!... BRAVO!

ARIANA NE RESTE PAS AU DEHORS. VIENS, RENTRE.

MAIS QUE VOILÀ BELLE DONZELLE! QUELLE CHANCE D'ÊTRE ACCLAMÉ PAR SI CHARMANTE ENFANT!

ADORABLE!...

EH BIEN, PUISQUE MON ARME EST MÉCHANTEMENT ABÎMÉE ET QUE JE NE PUIS POURSUIVRE CE DUEL, J'AI MARCHÉ À PROPOSER. ÉCOUTEZ-MOI BIEN!...

VOUS ME BAILLEZ CETTE FILLE LÀ-HAUT, LA NOIRAUDE, ET PAR DIEU, LA VIERGE ET TOUS LES SAINTS, JE JURE LEVER CE SIÈGE DANS L'HEURE. PERSONNE ONQUES NE NOUS VERRA PLUS CÉANS... VOTRE RÉPONSE ?...

MAIS! C'EST À MOI QU'IL EN VEUT!

HAAH! POURQUOI T'ÊTRE AVANCÉE SI AU BORD, À LA VUE DE TOUS! C'ÉTAIT GRANDE FOLIE!

JE VOULAIS SIMPLEMENT MIRER LE BON JHEN REMPORTER VICTOIRE.

TERRIBLE IMPRUDENCE! VOICI CE MAÎTRE ÉCORCHEUR QUI TE VEUT PRÉSENTEMENT ALORS QUE TOUTES LES FEMELLES DE CE BOURG SOUHAITENT NOUS VOIR ÉTRIPAILLÉES!

ALORS? QU'ALLONS-NOUS DEVENIR?

TIERSTEIN, TA PROPOSITION N'EST POINT HONNESTE! SAINE JOUTE NE PEUT SE CLORE DE PAREILLE FAÇON!

JHEN, TU N'AS PLUS LA PAROLE! MAINTENANT, CE SONT TOUS CES BOURGEOIS QUI ONT DÉCISION... SI JE N'AI POINT SATISFACTION DEMAIN, LES ASSAUTS REPRENDRONT.

ET LE SOIR, DANS LA GRANDE SALLE DU CASTEL LES DISCUSSIONS VONT BON TRAIN...

CE SERAIT POURTANT EXCELLENTE DÉCISION.

L'ARCHIPRÊTRE ET LES ABBÉS PARTAGENT AUSSI CET AVIS.

JHEN? OÙ EST-IL? IL FAUT SON CONSEIL.

TANDIS QUE PLUS HAUT...

CALMEZ-VOUS! JE VAIS TENTER DE CONVAINCRE LE SIRE DE LA GORE... NE BOUGEZ POINT D'ICI.

AH! LE VOILÀ! JE SUIS SÛR QU'IL SERA D'ACCORD.

ALORS, MON AMI?...

JE DÉSIRE TE PARLER SEUL.

VIENS PAR ICI.

JE SUPPOSE QUE LES HABITANTS DU BOURG SERAIENT ENCHANTÉS DE LIVRER CETTE MALHEUREUSE AU MAÎTRE ÉCORCHEUR! EH BIEN MOI, JE REFUSE. CE SERAIT INFÂME VILENIE... Y A-T-IL UN SOUTERRAIN SOUS CES MURS?

TRÈS EN BAS, IL Y A UN PASSAGE QUI ABOUTIT FORT LOIN DANS LA CAMPAGNE; MAIS IL Y A DES ANNÉES QU'IL N'A PLUS SERVI!...

33

LE MÊME SOIR, À LA LUEUR DES TORCHES...

HÂTEZ-VOUS !... LES PROVISIONS SONT BIEN TOUTES LÀ ?

AU REVOIR ET MERCI. MILLE MERCIS.

DONC TU RESTES, JHEN?

OUI, JE L'AI PROMIS... MAIS AUSSITÔT CE MAUDIT SIÈGE TERMINÉ, J'IRAI VOUS VOIR. JE VOUS L'ASSURE.

MILLE GRÂCES, JHEN. J'ESPÈRE QUE NOTRE MAISON SERA TERMINÉE ET TU Y SERAS TOUJOURS LE BIENVENU.

BANG

IL A REFERMÉ LA DALLE !

NE TRAÎNONS PLUS ALORS !

ET APRÈS UN LONG CHEMIN DANS UN SOUTERRAIN HUMIDE ET GLACÉ...

NOUS VOICI SAUFS !.. LE BOURG EST FORT LOIN.

AH ! QUE L'AIR DE LA LIBERTÉ EST DOUX À RESPIRER !

LE LENDEMAIN, PAR UN JOUR GRIS ET SINISTRE, LES ÉCORCHEURS REPRENNENT LEURS ATTAQUES ET RÉUSSISSENT À INCENDIER LES TOITS DE LA PORTE SAINT-JACQUES AINSI QUE CEUX DES TOURS DU PRÉVOST ET DE LA JEUNE FILLE.

ET TANDIS QUE LES JOURS PASSENT, LES ASSIÉGÉS RÉSISTENT TANT BIEN QUE MAL AUX ASSAUTS RÉPÉTÉS DES ROUTIERS.

34

ENFIN, APRÈS DES SEMAINES DE LUTTES ACHARNÉES, LES DÉFENSES DU BOURG SONT EN TRÈS MAUVAIS ÉTAT ET SEUL UN MIRACLE PARAÎT DEVOIR SAUVER LA CITÉ !

ET UN MATIN...

JHEN, NOUS VOIC EN BIEN MALE POSTURE !... NOS DÉFENSE NE SONT PLUS QUE RUINES ET NOS PROVISIONS EN SACS AUSSI PLATS QUE NOS ESPÉRANCES ...

EH BIEN, LA GORE, S'IL FAUT PÉRIR, JE SUGGÈRE DE FAIRE GROSSE RIPAILLE, AVALER TOUT CE QUI RESTE, ET ENSUITE SE RUER SUR CETTE CANAILLE POUR EN OCCIRE LE PLUS POSSIBLE !... APRÈS, APRÈS, À LA GRÂCE DE DIEU !

C'EST PEUT-ÊTRE FAÇON COURAGEUSE D'EN FINIR, MAIS DÉSESPÉRÉE !... JE VAIS Y PENSER.

ON NE PEUT LAISSER SOUFFRIR DAVANTAGE CES MALHEUREUX QUI ONT LES YEUX ROUGIS PAR LES VEILLES, LES BRAS FATIGUÉS DE MANIER LES ARMÉS ET LES JAMBES FAIBLES FAUTE DE MANGEAILLE.

AH ! NOUS AVONS POURTANT CONNU LE BONHEUR ICI. CES CHAMPS, CES RIVIÈRES ET FORÊTS FURENT TANT GÉNÉREUX POUR NOUS ET LES VOYAGEURS Y ÉTAIENT EN BONNE SÉCURITÉ. MAUDITE SOIT DONC CETTE GUERRE !... ALORS, IL NE FAUDRA PLUS SENTIR LA CARESSE DU SOLEIL, VOIR COULER LA PLUIE ET LA NEIGE QUI ...

HÉ ! VOIS DONC, LÀ-BAS !... N'EST-CE PAS UNE TROUPE EN ARMES ?...

EN EFFET !... SI CE SONT DES AMIS, QU'ILS SE HÂTENT, MAIS SI CE SONT DES ENNEMIS, QUE CE CIEL D'ENFER, À L'HORIZON, LES EMBRASE POUR L'ÉTERNITÉ !

CEPENDANT L'APPARITION, AU LOIN, DE CES ÉTRANGES SOLDATS A AUSSI ÉTÉ REMARQUÉE PAR LES ÉCORCHEURS ...

TON AVIS, CONRAD ?...

C'EST ÉQUIPÉE GUERRIÈRE MAIS POINT L'OST DU ROY...ON DISTINGUE DES BANNIÈRES. PROBABLEMENT DES NOBLES SEIGNEURS QUI REGAGNENT LEURS TERRES !?...

LES VOICI QUI S'ARRÊTENT À DISTANCE.

HEM !... ENVOYONS DEUX CHEVAUCHEURS FAIRE BONNES PAROLES ET SURTOUT REGARDER DE PRÈS CES GENS-LÀ. APRÈS, NOUS AVISERONS... HÉ ! HÉ ! N'EST-CE PAS ASTUCIEUSE DÉMARCHE ?!

35

UN QUART D'HEURE PLUS TARD, DEUX CAVALIERS S'ÉLOIGNENT DU CAMP AVEC FLAMME BLANCHE EN TÊTE.

VOICI NOS GENS TOUT PRÈS DU BUT. HUM, JE SUIS CURIEUX DE LES VOIR DE RETOUR ! QUELQUE CHOSE ME DIT QUE CELA NE MANQUERA PAS D'INTÉRÊT.

MAIS !?... CES GENS-LÀ N'OBSERVENT PAS LA COUTUME ! ILS ONT FAIT ENTRER NOS PARLEMENTAIRES DANS LEURS RANGS ?!

QU'EST-CE QUE CELA VEUT DIRE ?

REGARDE ! ILS AVANCENT UNE PIERRIÈRE... !?...OU UNE CATAPULTE !?...

EN EFFET ! MAIS DANS QUEL DESSEIN ?!... ILS NE VONT TOUT DE MÊME PAS...

SI ! PAR LES CORNES DU DIABLE !...

HAAHAAAAA

AAAAHH

AAAHH

AÏ

POUAH! DANS QUEL ÉTAT ILS L'ONT RENVOYÉ!

LES CHIENS! C'EST SE MOQUER GRANDEMENT DES ÉCORCHEURS!... C'EST DÉFIER LES MISÉREUX QUE NOUS SOMMES.

MAIS DANS LE CAMP ADVERSE...

ALLEZ! COUPEZ LA CORDE.

AAAAH!

ET CETTE FOIS LE MISÉRABLE CHOIT SUR LES RESTES DU GIBET, LÀ OÙ LES ÉCORCHÉS PÉRIRENT ATROCEMENT.

PAR L'ENFER, À VOS ARMES! NOUS ALLONS REPOUSSER CETTE VILAINE BANDE DE NOBLAILLONS ENFERRAILLÉS ...AUX ARMES!...

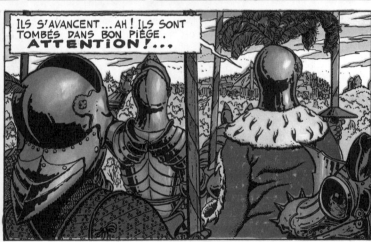

ILS S'AVANCENT... AH! ILS SONT TOMBÉS DANS BON PIÈGE. ATTENTION!...

EN AVANT!

PIQUES HAUTES! PRENEZ GARDE AUX FLÈCHES: PAREZ AUX BOUCLIERS!

PALSEMBLEU, CETTE RACAILLE NE BOUGE PLUS! ...OÙ EST DONC LE CHEF? AH! LE VOICI!... PIQUES BASSES... CHARGEZ!...

39

HAYAK! TUEZ!..TUEZ!..

ALORS, AVEC UN ÉLAN TERRIBLE, LES CAVALIERS REMONTENT LA PENTE, MALGRÉ LES SOUCHES HAUTES, ET FONT IRRUPTION DANS LE CAMP DES ÉCORCHEURS.

AU MASSACRE !

PUIS C'EST LA TUERIE ! LES HURLEMENTS SE MÊLENT AUX CRISSEMENTS DES MÉTAUX FROISSÉS ET BROYÉS. TOUT S'EFFONDRE ET S'ANÉANTIT DANS L'HORREUR.

PAR LÀ ! LA PLUPART S'ÉCHAPPENT! ... SUS AUX FUYARDS !

ET ENFIN...

ILS S'EN-COURENT COMME DES LIÈVRES !

HALTE !... INUTILE DE LES POURCHASSER, ILS N'ONT PLUS D'ARMES.

HA! HA! PAS DANGER QU'ON LES REVOIE DE SI-TÔT.

APRÈS QUOI, LES TRIOMPHATEURS S'AVANCENT À TRAVERS LE CAMP DÉVASTÉ QUI, PEU AVANT, FAISAIT TREMBLER LA MALHEUREUSE CITÉ.

PUIS ILS PARVIENNENT PRÈS DES RESTES DE LA TOUR DE SAULX, FACE À LA PORTE SAINT-JACQUES, D'OÙ LES DÉFENSEURS LES CONTEM-PLENT, MÉDUSÉS.

HO! LÀ! DES REMPARTS ?!.. FAITES PASSAGE À CELUI QUI A CHASSÉ VOS ENNEMIS ET, PAR LA GRÂCE DU CIEL, OUVREZ VOTRE PORTE.

VOUS AVEZ VU COMMENT CES NOBLES GENS ONT BOUSCULÉ LA RACAILLE ?

PAR LA MALEMORT, ALLEZ-VOUS ENFIN JETER DES PLANCHES AFIN QUE LE CONNÉTABLE DE FRANCE, MESSIRE GILLES DE RAIS, SEIGNEUR DE LAVAL, PUISSE PÉNÉTRER DANS VOTRE VILLE QU'IL VIENT D'ENSAUVER ?

ET PEU APRÈS LA TROUPE ARMÉE ENTRE DANS LA CITÉ MEURTRIE SUR UN ASSEMBLAGE DE POUTRES TREMBLANTES.

DANS QUELLE ÉQUIPÉE M'AS-TU EMMENÉ LÀ, PRÉVÔT ?! AH ! S'IL N'Y AVAIT MON AMI JHEN AU BOUT !

MAIS L'ACCUEIL EST TRIOMPHAL ET LES NOUVEAUX VENUS SONT ACCLAMÉS EN LIBÉRATEURS.

PLUS SOUDAIN...

AH ! JHEN ! MON BON AMI !

GILLES...TOI ICI !? COMMENT EST-CE DIEU POSSIBLE ?!

LA GORE, VIENS !... VIENS JUSQU'ICI. C'EST LE CHÂTELAIN DU LIEU, MESSIRE CONNÉTABLE !

CESSE DONC VILAINE MOQUERIE, GENTIL COMPAGNON ET ALLONS NOUS RESTAURER CHEZ TON AMI LA GORE. JE VAIS FAIRE PORTER CÉANS UNE MALLE DE VIN DE BOURGOGNE QUE J'AI DANS MON BAGAGE.

VENEZ AVEC NOUS, LA MÉHARGNE. EH ! OUI, CE BRAVE PRÉVÔT EST VENU ME QUÉRIR ALORS QUE J'ALLAIS REJOINDRE MON COUSIN LA TRÉMOILLE EN LA COUR DU ROY CHARLES. IL M'A CONTÉ VOS MALHEURS, ALORS JE L'AI SUIVI AVEC MES GENS.

LA MÉHARGNE ! COMMENT VOUS REMERCIER ALORS QUE VOTRE DÉPART D'ICI FUT UN PEU PRÉCIPITÉ !

NE ME REMERCIEZ PAS : JE NE POUVAIS LAISSER CES ABOMINABLES ÉCORCHEURS VOUS PRESSURER !

ALORS TOUTE LA SOIRÉE SE DÉROULE EN GRANDE BEUVERIE ET C'EST BIEN TARD QUE TOUS VONT SE COUCHER.

ET LA NUIT...

41

QU'EST-CE QUE ?... CETTE FUMÉE ?...

DIANTRE ! UNE VRAIE PUANTEUR ! D'OÙ CELA VIENT-IL ?

PAR LES CORNES DE SATAN ! LA CHEMINÉE HAUTE DE LA TOUR CÉLESTIN, LÀ OÙ LOGE LE MARÉCHAL !

MAIS ALORS !... IL POURSUIT DONC CES HORRIBLES BRÛLERIES, CES SORCELLERIES INFÂMES ! PAR LA VIERGE SAINTE ! CES PAUVRES GENS DU BOURG ONT TELLEMENT SOUFFERT ET VOICI QUE L'AILE SOMBRE DU DÉMON S'ABAT À NOUVEAU SUR EUX !

ENFIN À L'AUBE...

HO ! TOI, LE GARDE, LAISSE PASSER. JE SUIS JHEN ROQUE ET AI OBLIGATION DE M'ENTRETENIR AVEC LE CONNÉTABLE. OÙ EST-IL?

DANS LA CHAMBRE DU HAUT. MAIS IL DOIT REPOSER.

ALORS IL SE LÈVERA.

QU'EST-CE DONC ?

VA ANNONCER AU SIRE DE RAIS QUE SON AMI LE TAILLEUR DE PIERRE VEUT LE VOIR SANS DÉLAI.

ENTRE !... ENTRE DONC. QUELS SONT LES DIABLES QUI TE POUSSENT SI TÔT LE MATIN ?

LES TIENS, GILLES. DANS LA CLARTÉ DE LA LUNE J'AI VU SE MOUVOIR UNE OPAQUE FUMÉE AU DEVANT DE MA FENÊTRE; ELLE EMPLANTISSAIT FORT ET ME RAPPELAIT D'AUTRES...

AH ! JHEN... IL ME SOUVIENT D'AVOIR RECOMMANDÉ, IL Y A DU TEMPS, DE NE POINT JAMAIS T'ENFONCER DANS MES NUITS, JHEN; JAMAIS. CE SERAIT MORTELLE AFFAIRE ENTRE NOUS ET MOI JE NE VEUX POINT PERDRE UN AUSSI GENTIL COMPAGNON.

GARDE LE JOUR, JHEN. GARDE CE QUI BRILLE ET LUIT. SOIS MA CLARTÉ ET MA LUMIÈRE, JE T'EN CONJURE... ET LAISSE-MOI LA NUIT.

GILLES, LES HABITANTS DE CE BOURG ONT GRANDEMENT SOUFFERT ET IL SERAIT TRÈS CRUEL D'AJOUTER À LEURS TOURMENTS... PARTONS.

POURQUOI PAS ? TU AS RAISON... VA RÉUNIR NOS GENS.

J'Y COURS.

UNE HEURE PLUS TARD, À L'ÉTONNEMENT GÉNÉRAL, LA SÉMILLANTE TROUPE DU CONNÉTABLE QUITTE LA VILLE.

AH ! LES BRAVES GUEUX ! HÉ ! REGARDE, L'AMI, IL Y A ENCORE BONNEMENT AIMABLES ENFANÇONS QUE LA GUERRE A ÉPARGNÉS, GRÂCE AU CIEL !

EN EFFET ! MAIS POINT GRÂCE AU DIABLE, SÛREMENT PAS !

QUEL MAUVAIS BEC QUE VOILÀ! TU AS DE LA CHANCE D'ÊTRE MON AMI, JHEN; TOUT AUTRE AURAIT CHÈREMENT PAYÉ TELLE RAILLERIE.

C'EST L'AVANTAGE DU BON COMPAGNON, GILLES: POUVOIR PARLER FRANC. ALEXANDRE LE GRAND L'ACCEPTAIT DES SIENS: TU NE PEUX FAIRE MOINS. MAIS LA MÉHARGNE REPART AVEC NOUS?

IL SAIT BIEN QU'IL N'Y A PLUS RIEN À TIRER DE CE BOURG RAVAGÉ, MAIS IL SAIT AUSSI QU'UNE FOIS RECONSTRUIT, IL POURRA Y QUÉRIR BEAUCOUP D'ARGENT, POUR LUI UNE CITÉ RICHE VAUT MOULT QU'UN PAYS APPAUVRI. BEL OISEAU DE PROIE, EN VÉRITÉ.

C'EST QUAND MÊME GRÂCE À LUI QUE TU ES VENU.

ADIEU JHEN!... AU REVOIR, MESSIRE CONNÉTABLE. REVENEZ NOUS VOIR... ET MERCI.

SÛR, EUSTACHE, C'EST CHOSE PROMISE. QUE DIEU ET TOUS SES SAINTS VOUS GARDENT.

ET SES ANGES! N'OUBLIE PAS LES ANGELOTS, JHEN!

HUM! CES BRAVES GENS ONT ÉTÉ QUELQUE PEU SURPRIS PAR NOTRE DÉPART PRÉCIPITÉ, NE CROIS-TU PAS?

SANS DOUTE, MAIS DE TOUTE FAÇON NOUS NE POUVIONS PAS ÊTRE À CHARGE DE NOURRITURE PLUS LONGTEMPS... ET PUIS J'AI HÂTE DE REVOIR UN ANCIEN ERMITE QUI PRÉSENTEMENT DOIT AVOIR REGAGNÉ SA MASURE DANS LA FORÊT DE SAINT-ROYE. IL SE NOMME PARFAIT.

ALLONS BON. J'ESPÈRE QUE CE N'EST PAS GRAND DÉTOUR?

NENNI. D'AILLEURS CELA REPOSERA HOMMES ET CHEVAUX.

EN CE CAS, JE VAIS DONNER LES ORDRES NÉCESSAIRES.

OHÉ! CAPITAINE LEVRAILLE, FAITES CHEMIN VERS LA FORÊT DE SAINT-ROYE.

A VOS ORDRES MESSIRE... EUH! MAIS OÙ SE TROUVE-T-ELLE?

C'EST ELLE, LÀ-BAS, VERS L'OUEST.

PUIS PEU APRÈS, LES GUERRIERS PÉNÈTRENT SOUS LA SOMBRE ET IMPOSANTE FRONDAISON ET AUSSITÔT ILS SONT SURPRIS PAR L'ATMOSPHÈRE PESANTE QUI Y RÈGNE.

43

PENDANT UN LONG MOMENT, JHEN EST OBLIGÉ DE CHEVAUCHER EN TÊTE AFIN DE CONDUIRE LA TROUPE MAL ÉQUIPÉE POUR CIRCULER DANS PAREIL ENCHEVÊTREMENT DE BRANCHES ET VERDURE.

BIENTÔT...

UNE FUMÉE ! C'EST BIEN L'ERMITAGE. ET PUIS IL Y A UN ÉTANG JUSTE AU DEVANT.

VOILÀ PEU POUR LOGER NOTRE TROUPE, DÈS LORS NOUS NE POUVONS RESTER QUE LE TEMPS DE FAIRE BOIRE LES CHEVAUX.

EH BIEN C'EST ICI... MAIS ! IL NE NOUS A POINT 'ENTENDU ! COMMENT SE FAIT-IL ?... JE VAIS ALLER VOIR.

OHÉ, PARFAIT ?...

JE T'ACCOMPAGNE, CELA ME DÉTENDRA UN PEU LES JAMBES.

AH ! DAME MATHILDE !...J'AVAIS ASSURÉ PARFAIT DE MA VISITE DURANT LA ROUTE DU RETOUR... ALORS ! EUH ! ME VOICI.

EH BIEN, ENTRE.

PARFAIT ?! MAIS QU'A-T-IL DONC ? IL EST MALADE ?

PIRE. IL S'ÉTEINT.

QUE S'EST-IL PASSÉ ? POURQUOI CET ABATTEMENT ?

IL NE MANGE PLUS ET RESTE LÀ, PROSTRÉ TOUT LE JOUR PRÈS DE CE FEU, SANS MOT DIRE ... QUE L'ESSENTIEL.

POURQUOI ? QUE S'EST-IL PASSÉ ?...AU FAIT, OÙ EST ARIANA ?

ELLE EST MORTE !

44

QUE DIS-TU LÀ ?... LA VÉRITÉ, HÉLAS !...

MAIS PARLE DONC, BONNE FEMME, TU M'IMPATIENTES.

TU TE SOUVIENS, JHEN, LORSQUE NOUS AVONS FUI PAR LE SOUTERRAIN, ARIANA, PARFAIT ET MOI ?... CES JEUNES GENS ÉTAIENT VRAIMENT FOUS DE BONHEUR ET COMME IVRES DE SE SENTIR LIBRES.

ILS GAMBADAIENT DANS LA NUIT, RIANT ET DANSANT, ET J'AVAIS BIEN DU MAL À LEUR FAIRE TENIR UN CHEMIN CONVENABLE.

ALLONS ! ALLONS, MES ENFANTS.

RIEN N'Y FAISAIT ; ILS GAMBADAIENT COMME DES TOURTEREAUX. ILS ÉTAIENT PAREILS À DEUX JEUNES CABRIS SAUTANT DANS LEUR PREMIÈRE PRAIRIE !

AVEC TOUT CELA NOUS PERDÎMES MOULT TEMPS ET LA FORÊT PARUT SOUDAIN MENAÇANTE... IL FUT DÉCIDÉ ALORS D'ALLUMER UN FEU ET DE SE REPOSER AUPRÈS JUSQU'À L'AUBE.

MAIS LE BOIS HUMIDE NE VOULAIT POINT PRENDRE ET ARIANA ET MOI SENTÎMES LA FATIGUE.

SUBITEMENT, DES CRAQUEMENTS NOUS INQUIÉTÈRENT ET, DANS L'OBSCURITÉ, LES YEUX DES LOUPS APPARURENT.

NOUS N'AVIONS PAS D'ARMES !... ALORS ARIANA ET MOI AVONS ATTRAPÉ CHACUNE UNE GROSSE BRANCHE TANDIS QUE PARFAIT S'ACTIVAIT AVEC LE FEU.

CEPENDANT, TOUT À COUP, LES LOUPS S'ÉLANCÈRENT !

43

LA BATAILLE FUT TERRIBLE. LES BÊTES ÉTAIENT FÉROCES ET VOYAIENT BEAUCOUP MIEUX QUE NOUS DANS L'OBSCURITÉ.

HEUREUSEMENT L'AMPLEUR DE MES VÊTEMENTS M'AIDA ET MA VIGUEUR NATURELLE FIT QUE JE VINS À BOUT DE DEUX DE CES DÉMONS.

PARFAIT, LUI, AVEC SON TISON, RÉUSSIT ENFIN À METTRE EN FUITE PLUSIEURS BÊTES SAUVAGES.

LE SOUFFLE COURT, NOUS IMAGINIONS ALORS AVOIR REMPORTÉ LA VICTOIRE ! — HÉLAS, NOUS DÉCOUVRÎMES, SOUDAIN LE CORPS D'ARIANA QUE TRAÎNAIENT ENCORE DEUX LOUPS.

COMME DES FURIEUX NOUS NOUS SOMMES PRÉCIPITÉS AUSSITÔT, MASSACRANT CHACUN SA BÊTE. JE CROIS BIEN QUE J'EN AI FAIT DE LA BOUILLIE.

LE CALME REVENU, NOUS AVONS VU ALORS L'HORRIBLE PLAIE À LA GORGE QU'AVAIT LA MALHEUREUSE. ELLE NE VIVAIT PLUS. ET PARFAIT ÉTAIT COMME FOU.

QU'AVEZ-VOUS FAIT ALORS ?

NOUS SOMMES VENUS ICI TANT BIEN QUE MAL AVEC LE CORPS... LE LENDEMAIN, NOUS L'AVONS ENTERRÉ LÀ, À CÔTÉ, PRÈS DES TOMBES DES ANCIENS COMPAGNONS DE PARFAIT... DEPUIS, IL EST COMME ÇA.

TIENS, FEMME, VOICI UNE BOURSE D'OR :
CELA TE PERMETTRA D'AMÉLIORER UN
PEU CETTE MASURE

QUE DIEU VOUS LE RENDE, MESSIRE.

DIEU !?... QUE CELA M'ÉTONNERAIT !

PARFAIT, VIENS AVEC
MOI ME MONTRER LA
TOMBE.

NON !... LAISSE-MOI...
PLUS TARD...
BIEN PLUS TARD...

SOIT !...
JE REVIENDRAI,
JE TE L'ASSURE.

EH BIEN, JHEN,
JE CROIS QUE
NOUS POUVONS NOUS
METTRE EN ROUTE.

OUI, AU REVOIR,
DAME MATHILDE.
SOIGNEZ-LE
BIEN.

JE N'Y MANQUERAI
PAS CAR SI DÉSOR-
MAIS IL N'A PLUS QUE MOI
...JE N'AI PLUS QUE LUI.

PUIS TANDIS QUE LES SOLDATS DU MARÉCHAL DE LAVAL S'AVANCENT LE
LONG DE L'ÉTANG, DAME MATHILDE RETIENT JHEN ENCORE UN INSTANT.

MON GARÇON, SI TU LE PEUX, PASSE UN JOUR EN LA
BONNE VILLE DE BOURGES ET VA RUE DE LA CUVELLE,
CHEZ LE TONNELIER SIMON. DIS-LUI QU'IL M'ENVOIE
SA CADETTE, FABIENNE, POUR M'AIDER AU MÉNAGE...
IL LE FERA SÛREMENT ET CELA DONNERA GENTILLE
COMPAGNIE À NOTRE MAISON.

JE N'Y MANQUERAI PAS.

ENFIN, C'EST LOIN, TRÈS LOIN QUE JHEN SALUE CETTE FEMME QUI
VA S'ENFERMER ENCORE POUR UN LONG TEMPS DANS LA SOLITUDE.

VOILÀ! MAINTENANT ELLE A DISPARU ... TOUT COMPTE FAIT, HEUREUSEMENT QUE PARFAIT PEUT ENCORE COMPTER SUR CETTE DAME MATHILDE. ELLE M'A DEMANDÉ D'ALLER À BOURGES AFIN DE ...

PAS QUESTION, L'AMI.

TU OUBLIES MA CHAPELLE. TU T'ES ENSAUVÉ POUR GUERROYER AVEC CES GENS DE LA GORE AU LIEU DE T'OCCUPER DE MA CONSTRUCTION SOIT !... MAIS MAINTENANT QUE CETTE AFFAIRE EST TERMINÉE, SOUCIE-TOI DONC DE LA MIENNE.

ET TANDIS QUE LE CONNÉTABLE ET JHEN S'ÉLOIGNENT VERS LA LOIRE, LE MÊME JOUR, DES MOINES DE L'ABBAYE DE SAINT-ROYE DE SAULX SONT DÉJÀ LÀ POUR S'INFORMER SUR L'ERMITAGE.

IL N'Y A PLUS DE SANCTUAIRE ET ENCORE MOINS D'ERMITE, ALLEZ LE DIRE AU PÈRE ABBÉ.

MAIS, TU ES DÉPENDANT DE NOTRE COMMUNAUTÉ ET DOIS LA DÎME, LE CENS ET LE ...

C'EST FINI. A LA GORE JE ME SUIS INFORMÉ : CETTE FORÊT N'EST POINT À L'ABBAYE. ELLE APPARTENAIT JADIS AUX TEMPLIERS ET, APRÈS LEUR DISPARITION, LEURS BIENS ALLÈRENT À LA COURONNE. JE DÉPENDS DONC DU ROY ET NE RENDRAI COMPTE QU'À SES GENS .: ALLEZ ET NE REVENEZ PLUS.

VOILÀ QUI EST BIEN PARLÉ, MON FILS ... ILS S'EN RETOURNENT FORT DÉPITÉS ET JE GAGE QUE LES LANGUES VONT ALLER BON TRAIN, CE SOIR, À L'ABBAYE.

JE M'EN MOQUE ... ALLONS, MATHILDE, NOUS AVONS À TRAVAILLER. AU FAIT, QUAND DONC VIENDRA CETTE COUSINE DE BOURGES ?

BIENTÔT, JE L'ESPÈRE. BIENTÔT, PARFAIT... HÉ ? QUÉ VAS-TU FAIRE LÀ ?...

REMUER CE MORCEAU DE TERRE, LÀ, PRÈS DE NOTRE CIMETIÈRE. J'Y PLANTERAI DES LÉGUMES ET DERRIÈRE, J'ÉTABLIRAI UNE ÉTABLE ... QUE VEUX-TU, IL FAUT BIEN CONTINUER À VIVRE !...

46

Imprimé en Belgique par Casterman, s.a., Tournai, août 1984. Nº édit.-impr. 1609.
Dépôt légal : mai 1984 : D. 1984/0053/61.
Déposé au Ministère de la Justice, Paris
(loi nº 49.956 du 16 juillet 1949 sur les publications destinées à la jeunesse).